N 475
V
C.

4936.

ATLAS

DE L'HISTOIRE DES TRAVAUX

ET DE L'AMÉNAGEMENT DES EAUX

DU

CANAL CALÉDONIEN.

Par Stéphane FLACHAT,

ANCIEN ÉLÈVE DE L'ÉCOLE ROYALE DES MINES, DE PARIS.

ATLAS

DE L'HISTOIRE DES TRAVAUX

ET DE L'AMÉNAGEMENT DES EAUX

DU

CANAL CALÉDONIEN.

LÉGENDE EXPLICATIVE.

PREMIÈRE VUE.

Vue du canal Calédonien près Torcastle.

(District de l'Ouest. Voyez page 39.)

Cette vue est prise à 1500 mètres environ, en amont de l'escalier de Neptune. Le canal en cet endroit domine de 63 pieds anglais (19 mètres 15 centimètres) la rivière Lochie, à laquelle il est latéral. La montagne

que l'on aperçoit dans le fond, est le Ben-nevis. Le profil en travers, n° 3, de la planche III, est relatif à cette position.

IIe VUE.

Vue du déversoir-régulateur de Strone.

(District de l'Ouest.)

L'objet de ce déversoir-régulateur est de donner écoulement aux eaux surabondantes du canal (voir page 34); la coupe géométrique de cet ouvrage d'art est donnée dans la planche IV.

PLANCHE PREMIÈRE.

Carte générale du canal Calédonien.

Cette planche est copiée sur les cartes gravées jointes aux rapports adressés au Parlement.

PLANCHE II.

Carte détaillée du canal Calédonien.

Cette planche est également copiée sur les cartes gravées jointes aux rapports adressés au Parlement. Elle ne contient que les détails de chacun des biefs, et seulement la partie des baies ou des lacs où débouchent ces biefs.

PLANCHE III.

Profil en travers du district de l'Ouest.

Profil n° 1. (Voyez page 32). Le canal occupe, en cet endroit, l'ancien lit de la rivière Lochie. La ligne ponctuée à grands traits indique, dans ce profil, comme dans tous les autres, la forme ancienne du sol. On voit que le lit actuel de la rivière est pris presque entièrement sur l'ancien terrain. Le remblai qui sépare le canal, de la rivière, a été corroyé intérieurement. Ce corroi s'exécute simplement, en plaçant dans le milieu du remblai la terre végétale et les terres fines ou sablonneuses provenant des déblais. La différence de niveau, entre le canal et la rivière, est en cet endroit de 15 pieds.

Profil n° 2. (Voyez page 32). Le canal, en cet endroit, est partie en remblais, partie en déblais; son plan d'eau est de 30 pieds environ au-dessus d'un champ ensemencé d'un bon rapport. Le petit ruisseau qui est au bas de la berge débite le peu d'eau qui peut provenir des filtrations.

Profil n° 3. (Voyez page 35). Ce point est celui où les berges du canal sont le plus rapprochées de la rivière Lochie, et où le plan d'eau est le plus élevé au-dessus du niveau de cette rivière. Ici, la différence de niveau est de 63 pieds. Le canal est tout en déblais. Il n'y a jamais eu trace de filtrations.

PLANCHE IV.

Coupe géométrique du déversoir-régulateur de Strone.

(District de l'Ouest.)

Cet ouvrage d'art, dont le but est expliqué un peu plus haut, est fondé sur le rocher, qui a dû être entamé aussi pour le passage du canal. Toutes les dimensions en ont été prises sur les lieux, et vérifiées ensuite dans le rapport de 1818, où elles sont données en détail.

PLANCHE V.

Coupes longitudinale et transversale de l'aquéduc de Loy.

(District de l'Ouest.)

Cette planche est copiée sur une planche insérée dans le rapport de 1819.

L'aquéduc de Loy (voyez page 33) sert, par son arche principale à l'écoulement du torrent de Loy, et par ses deux arches latérales au passage des hommes et des bestiaux. Ce passage est interrompu, cependant, lorsque les eaux du torrent, grossies par les fontes de neige ou les grandes pluies, passent par les trois arches à la fois. Il y a quatre autres aquéducs du même genre dans le district de l'Ouest.

PLANCHE VI.

Profils en travers du district du Milieu. Bief du fort Auguste.

Profil n° 1. Le canal en cet endroit est creusé au milieu d'une île formée dans la rivière Oich par les graviers et autres alluvions provenant du lac Oich. L'un des bras de la rivière, intercepté par le canal, se change en un marais tourbeux, et a été remplacé par un nouveau lit ouvert dans le terrain naturel (voyez page 40). La différence de niveau entre le canal et la rivière est de 4 pieds.

Profil n° 2. Le canal est établi en cet endroit, au pied des rochers, dans un des bras de la rivière Oich. L'espace suffisant à l'écoulement de la rivière a été repris sur le terrain naturel. La différence de niveau entre le canal et la rivière est de 20 pieds (Page 40.)

Profil n° 3. En cet endroit le canal est tout en remblais. Ces remblais étant composés, ainsi que le sol sur lequel le canal repose, de gros graviers et de cailloux roulés, sans aucun mélange de sable, des filtrations énormes ont eu lieu dans cette partie du canal, et on les a arrêtées en jetant du sable et de la terre fine sur le fond et sur les bords du canal (voyez pages 41 et 63). Le graveur a indiqué le corroi d'une manière trop arrêtée; et il n'a pas assez fait sentir l'espèce d'injection de sable et de terre produite par la pression de l'eau au milieu du gravier et des cailloux, injection qui introduit une proportion de sable suffisante pour composer un terrain étanche. La différence de niveau entre le canal et la rivière est de 33 pieds.

PLANCHE VII.

Profils en travers du district de l'Est.

Profil n° 1. Le canal est en déblais, et n'a qu'une différence de niveau de 3 pieds, avec la rivière; il est creusé au milieu de graviers. (Voyez page 44.)

Profil n° 2. Le canal en cet endroit est établi sur le flanc de la colline de Toremore, et à 10 pieds au-dessus de la rivière. Le sol était un mélange de cailloux roulés et de gravier; on a répandu sur ce sol du sable et de la terre fine, que la pression de l'eau a ensuite injectés dans les interstices. Une partie des terres provenant des déblais de cette colline a servi à former les remblais de Donanchroy; remblais à travers lesquels passaient des branchages jetés dans le canal, et qui reparaissaient intacts dans la rivière.

Profil n° 3. Ce profil représente l'établissement du canal, sur le flanc de la colline de Torvaine (voir pour les détails les pages 45 et 65). Les Commissaires l'appellent dans le rapport de 1814, la *Colline*

croulante (the crumbling slope of Torvaine). La chute continuelle des cailloux dont cette colline se compose presque entièrement, n'a pas permis de maintenir entre elle et le canal une route nécessaire aux communications du pays. C'est dans cet endroit qu'un corroi d'argile a été nécessaire. La différence de niveau entre le canal et la rivière est de 23 pieds.

PLANCHE VIII.

Suite des profils en travers du district de l'Est.

PROFIL N° 4. Ce profil est pris au-dessus des quatre écluses de Muirtown. Il montre le canal à 25 pieds au-dessus de terres à labour. Il indique aussi la déformation produite dans la berge du remblai par l'agitation de l'eau. (Voyez page 46.)

Profil du bassin de Muirtown.

Ce bassin est établi sur une plage autrefois baignée par la mer, ainsi que l'indiquent la carte n° 2, et la planche IX. Le plan d'eau de ce bassin est de 10 à 18 pieds au-dessus du terrain naturel. L'on a jeté sur le fond du sable, et l'Ingénieur remarque dans son rapport de 1827 (voyez page 47), que depuis ce moment, les filtrations sont moindres avec 20 pieds de tirant d'eau, qu'auparavant, avec 10 pieds seulement.

Profil de l'écluse d'entrée.

Ce profil indique l'établissement de l'écluse d'entrée dans le terrain factice, composé de blocs de roche et d'argile, sur plus de 60 pieds d'épaisseur, au milieu des vases molles qui formaient les bords de la baie de Beauley. (Page 47.)

PLANCHE IX.

Profil en long du canal Calédonien.

Ce profil est établi d'après des profils contenus dans les rapports adressés au Parlement, et d'après des vérifications faites sur les lieux avec les Ingénieurs résidans.

L'on croit devoir faire remarquer ici aux personnes qui n'ont pas l'habitude du dessin des Ingénieurs, que l'échelle des hauteurs est trois cents fois environ plus grande que celle des longueurs; et que c'est par cette raison que les formes du terrain paraissent si tourmentées.

C'est aussi pour cette raison que les trois rivières auxquelles le canal est latéral, paraissent avoir une pente si excessive.

Les lignes colorées en bleu indiquent la surface de l'eau dans les lacs et dans les rivières à l'état d'étiage, et celle de l'eau dans les biefs du canal.

Le fond du canal est à la limite des couleurs avec lesquelles on a figuré les quatre terrains principaux, dans lesquels le canal est établi.

DE L'IMPRIMERIE DE FIRMIN DIDOT.
RUE JACOB, N° 24.

Lith. de Engelmann &Cie Rue du Fauб^gMontmartre N°6.

1re VUE DU CANAL CALÉDONIEN, près TORCASTLE.
En cet Endroit, le Canal est à 20 Mètres audessus de la Rivière Lochie,
et il a 5^m30 de tirant d'Eau.
(Voir le profil en travers N°3. Planche III.)

IIme VUE DU CANAL CALÉDONIEN.
Déversoir Régulateur de Strone.
(Voir la Planche IV.)

Lith. de Engelmann & Cie Rue du Faub Montmartre, N 6

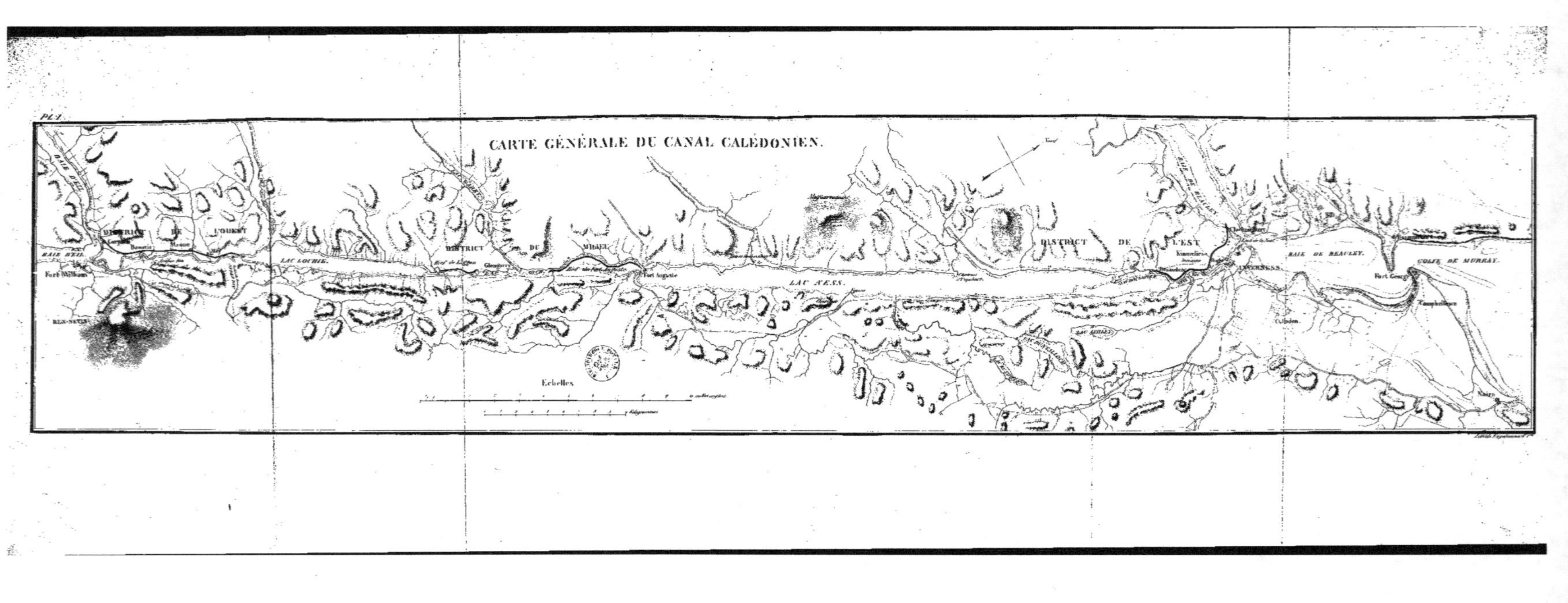
PL.1
CARTE GÉNÉRALE DU CANAL CALÉDONIEN.
DISTRICT DE L'OUEST
DISTRICT DU MICHAEL
DISTRICT DE L'EST
BAIE D'EIL
BAIE EYIL
Fort William
BEN-NEVIS
LAC LOCHIE.
LAC NESS.
LAC OICH
Fort Augustin
BAIE DE BEAULEY.
GOLFE DE MURRAY.
INVERNESS
Fort George
Culloden
Échelles

CANAL CALÉDONIEN.
Pl. II
District de l'Ouest.
BAIE DE EIL.
Corpach
Carrière
Haut Banavie
Bas Banavie
Marais de Corpach
Lochiel
Muisheatlich
Strone
Mc May
Rivière Lochie.
Mucomer
LAC LOCHIE.
R. Spean
District du Milieu.
Bief de Laggan.
Kilhimmen
LAC OICH.
Sloan
Laggan
LAC LOCHIE.
District du Milieu.
Bief du Fort Auguste.
LAC OICH.
Aberchalder
Ecluse régulatrice
Carrière de Canal
Oich Riv.
Fort Auguste
LAC NESS.
Portages
Echelle de deux Milles Anglais.
Echelle de 3.000 Mètres.
District de l'Est.
Terres de Doughgarroch.
LAC NESS.
Bunarkaig
Ile de Cramer
Terres de Doughfour
LAC DOUGHFOUR.
Ile Bulnayec
Terres de Dunain.
Ness Riv.
Marais de Quintrederry
Terres
Terres
Clachnager
Ecluse
Sable mouvant
Digue
Edam d'Entrée
BAIE DE BEAULEY.
Aqueduc
INVERNESS
Bright
Moulin et Village
Lith. de Engelmann et Ce Rue du Faub^g Montmartre N° 6.

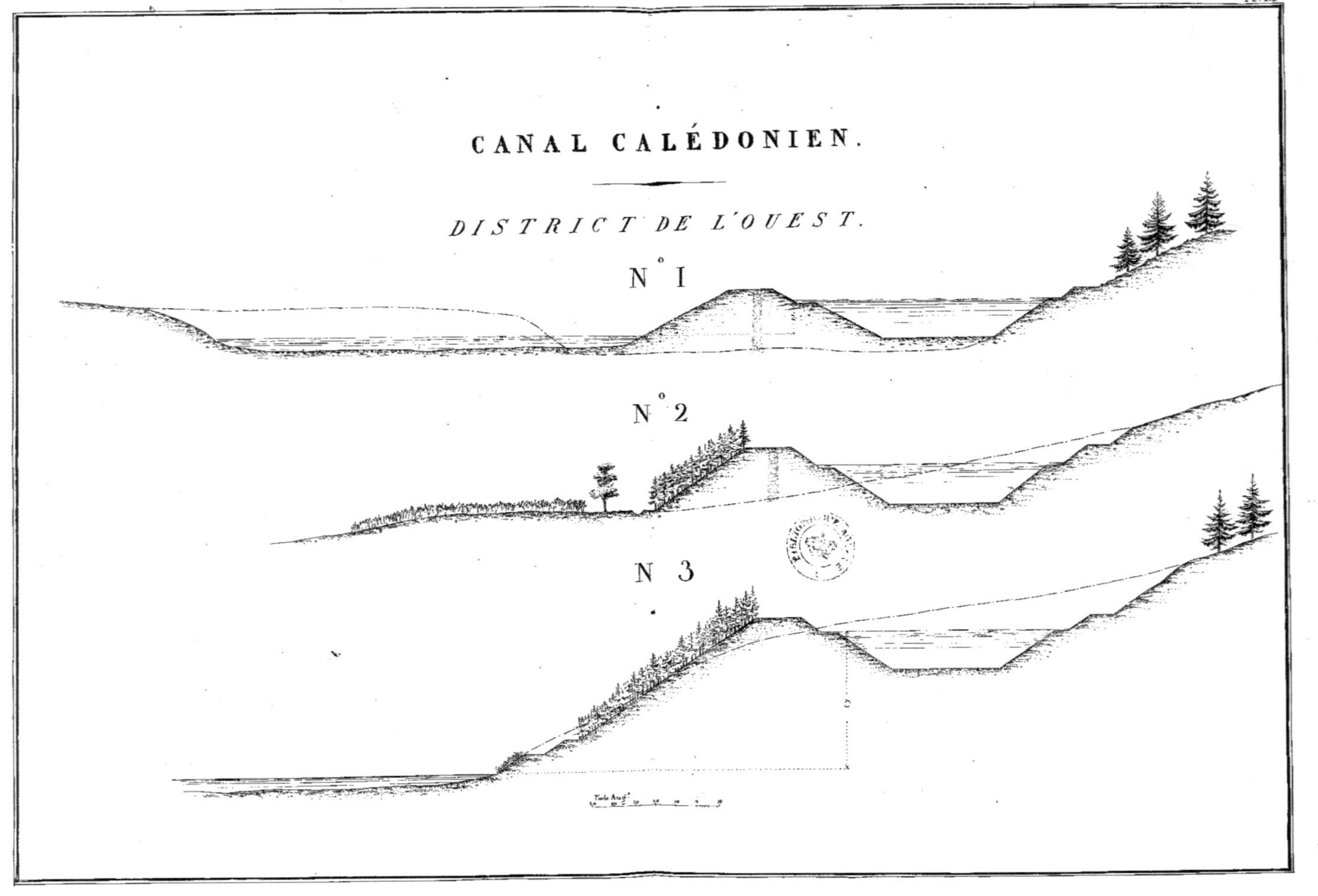

CANAL CALÉDONIEN.
DISTRICT DE L'OUEST.
N° 1
N° 2
N° 3
Pl. III

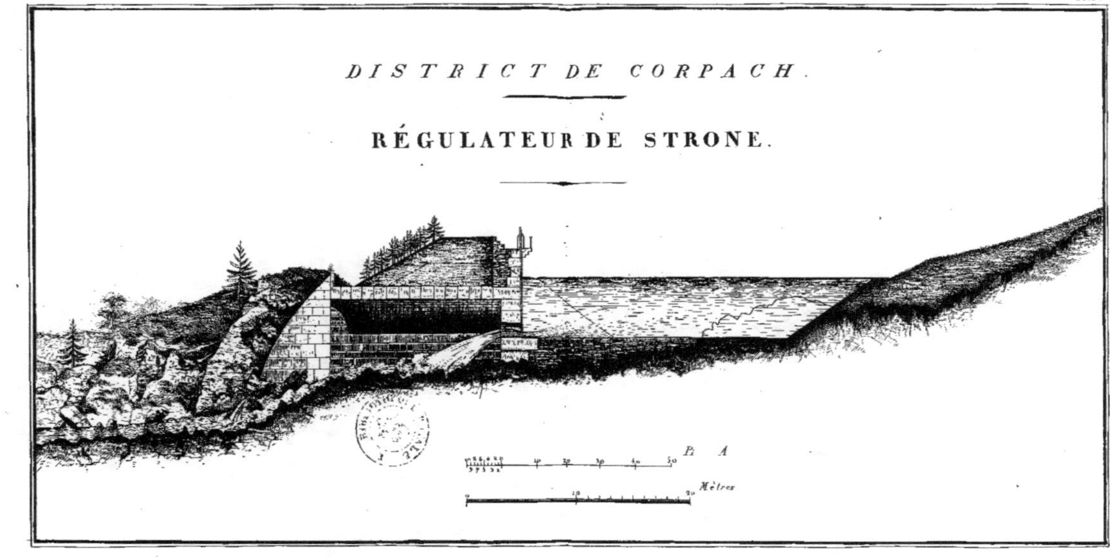

DISTRICT DE CORPACH.
RÉGULATEUR DE STRONE.
Pl. A
Mètres

Dessiné et Gravé par Charpentier

CANAL CALÉDONIEN.
DISTRICT DU MILIEU.
N.º 1.
N.º 2.
N.º 3.

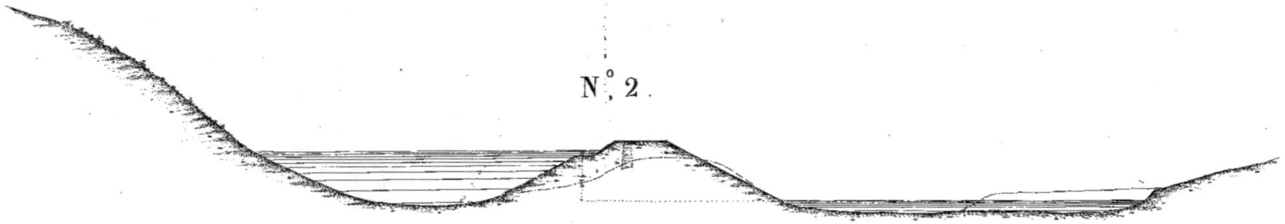

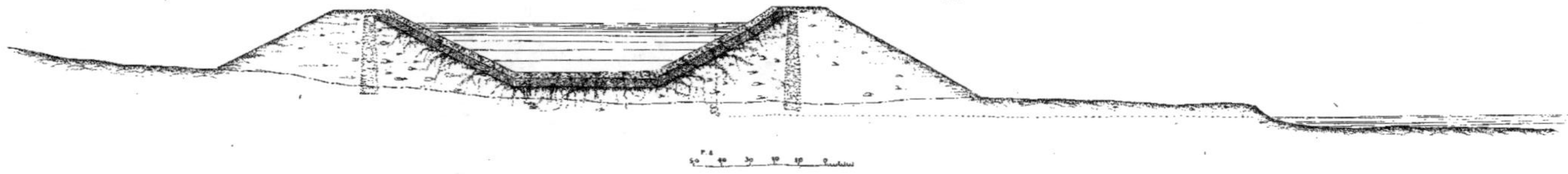

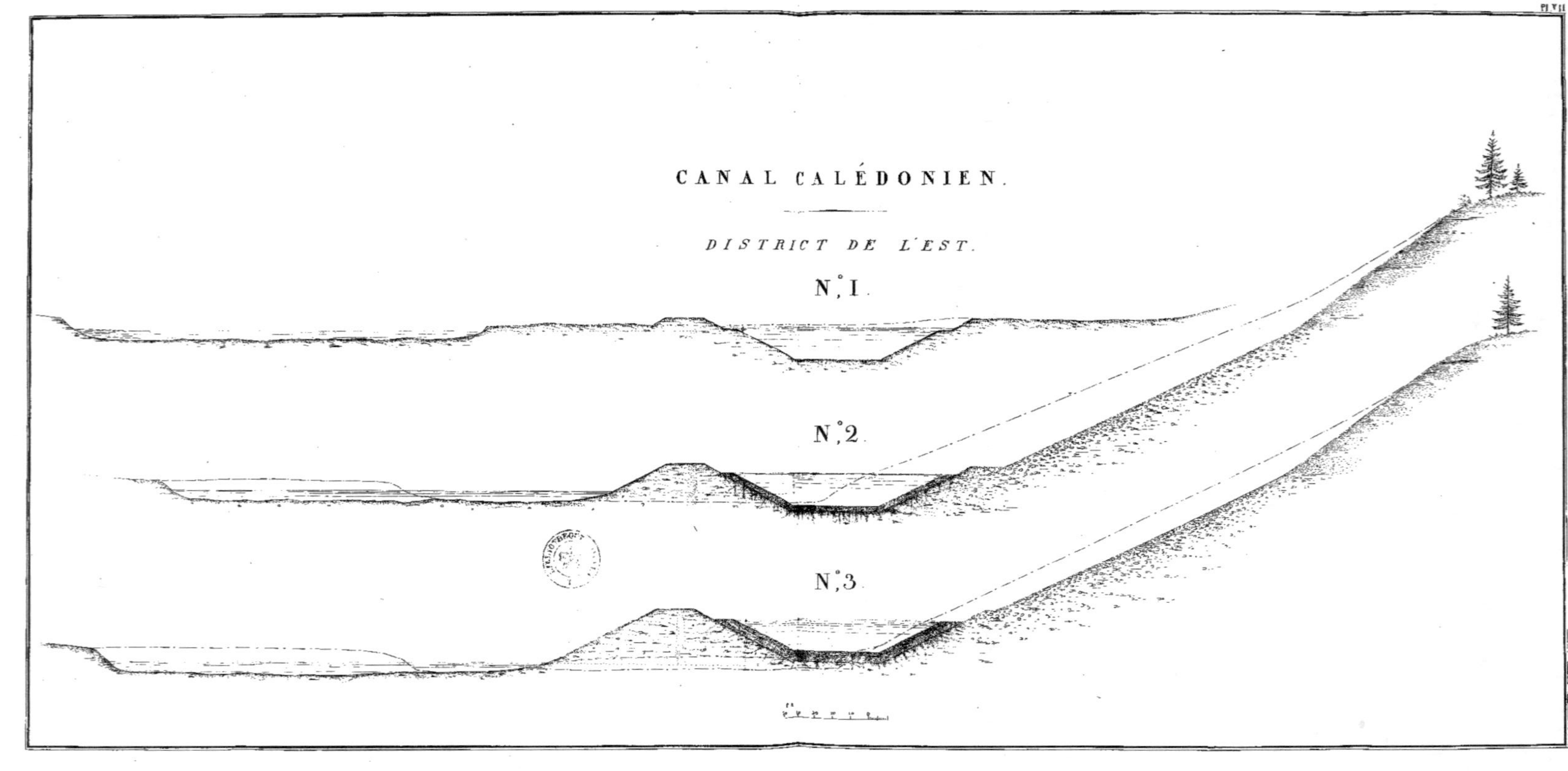

CANAL CALÉDONIEN.
DISTRICT DE L'EST.
N.° 1.
N.° 2.
N.° 3.
Pl. VII.

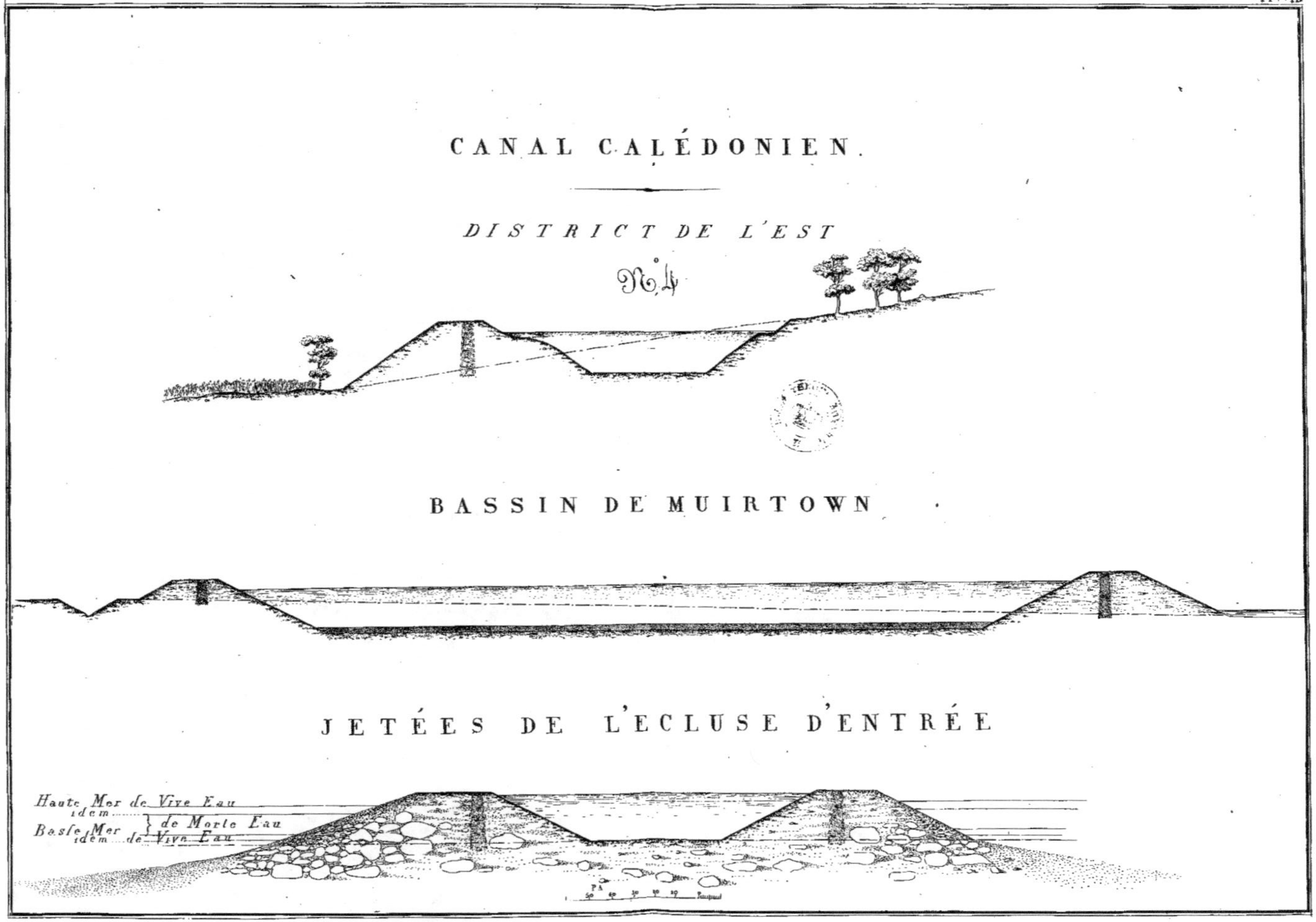

CANAL CALÉDONIEN.
DISTRICT DE L'EST
N.º 4
BASSIN DE MUIRTOWN
JETÉES DE L'ECLUSE D'ENTRÉE
Haute Mer de Vive Eau
idem
Basse Mer } de Morte Eau
idem de Vive Eau

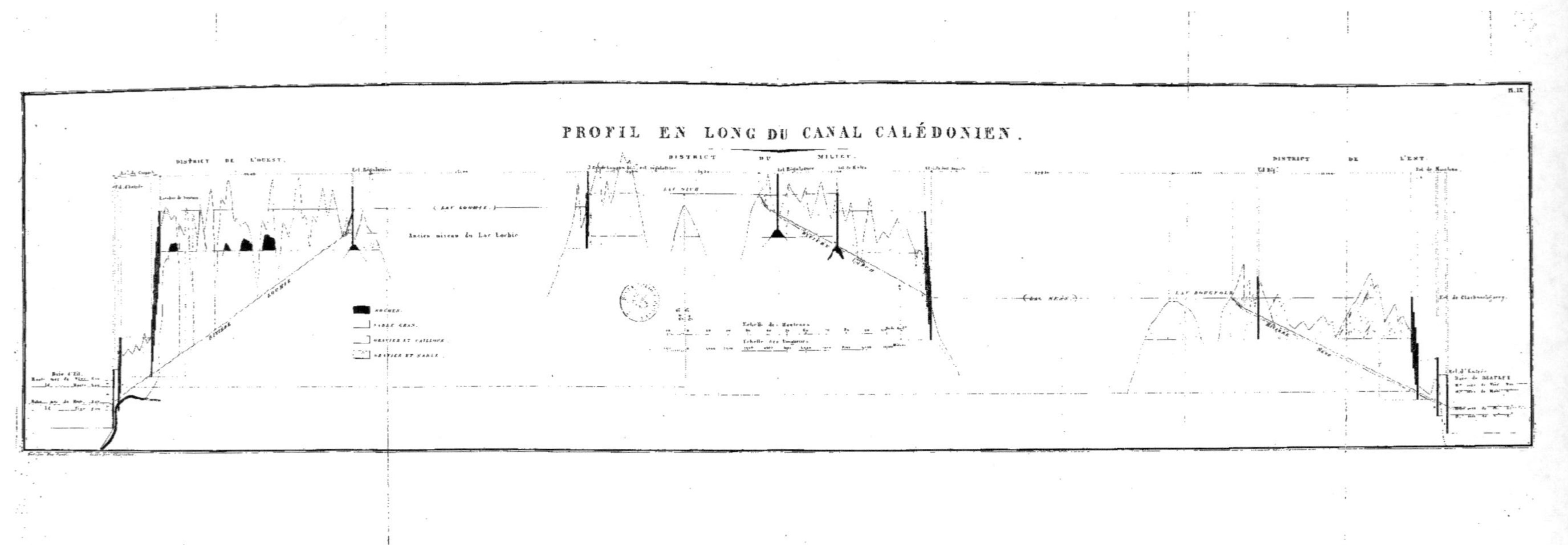

PROFIL EN LONG DU CANAL CALÉDONIEN.
DISTRICT DE L'OUEST.
DISTRICT DU MILIEU.
DISTRICT DE L'EST.
(LAC LOCHIE.)
Ancien niveau du Lac Lochie.
LAC NESS.
LAC OICH.
LAC DOUCFOUR.
ROCHES.
SABLE GRAS.
GRAVIER ET CAILLOUX.
GRAVIER ET SABLE.
Echelle des Hauteurs.
Echelle des Longueurs.